나의 소원

2017년 9월 25일 1판 3쇄 펴냄
글_ 현상선 · 그림_ 송아지
기획 및 감수_ 백범김구기념관
펴낸이_ 김봉진
펴낸곳_ 도서출판 비움과 채움
㈜ 06753 서울시 서초구 강남대로25길 15, 동인빌딩 302호
전화 02) 999-0053 전송 02) 998-3622
전자주소 ranto@hanmail.net
등록 2004. 6. 7. 제7-281호
ISBN 978-89-93104-24-0 77810

ⓒ 현상선, 송아지

글쓴이 / 감꽃 현상선

경남 밀양에서 태어났으며 밀성초등학교 도서관에서 책벌레로 살다, 자라서는 덕성여자대학에서 국어국문학을 공부했다. 두 아이의 엄마가 된 후부터 그림책을 보는 재미에 빠져 지내면서, 한양대 사회교육원에서 독서와 논술지도에 관한 강의를 하였다. 지금은 '도서관 친구들' 과 함께 지역도서관 운동을 하고 있으며, 지은 책으로는 《독서지도 방법론과 실제》, 《자연의 속삭임》, 《세상에서 가장 큰 학교》가 있다.

그린이 / 송아지

어렸을 때부터 그림 그리기를 좋아하여, 한국과 독일의 대학에서 그림 공부를 하였으며, 2008년 아이를 낳고, 아이의 나이를 살고 있는 그림 작가다. 지금은 안촌유치원에서 일하며, 아이들과 친구가 되어 행복한 날을 보내고 있다. 이 책 《나의 소원》이 수많은 어린 친구들과 딸에게 좋은 선물이 되었으면 한다. 또 다른 그림책으로는 《세상에서 가장 큰 학교》가 있다.

기획 및 감수 / 백범김구기념관   ㈜ 04311 서울시 용산구 임정로 26

백범김구기념관은 세계에서 가장 아름답고 높은 문화를 가진 자주민주 통일조국을 건설하기 위하여 일생을 바치신 겨레의 큰 스승 백범 김구 선생(1876~1949)의 삶과 사상을 알리고 계승 발전시키기 위한 겨레의 문화 공간이다.

이 책의 저작권은 '백범김구기념관' 과 '도서출판 비움과 채움' 에 있으므로 무단전재와 복제를 금합니다.

나의 소원

현상선 글 · 송아지 그림

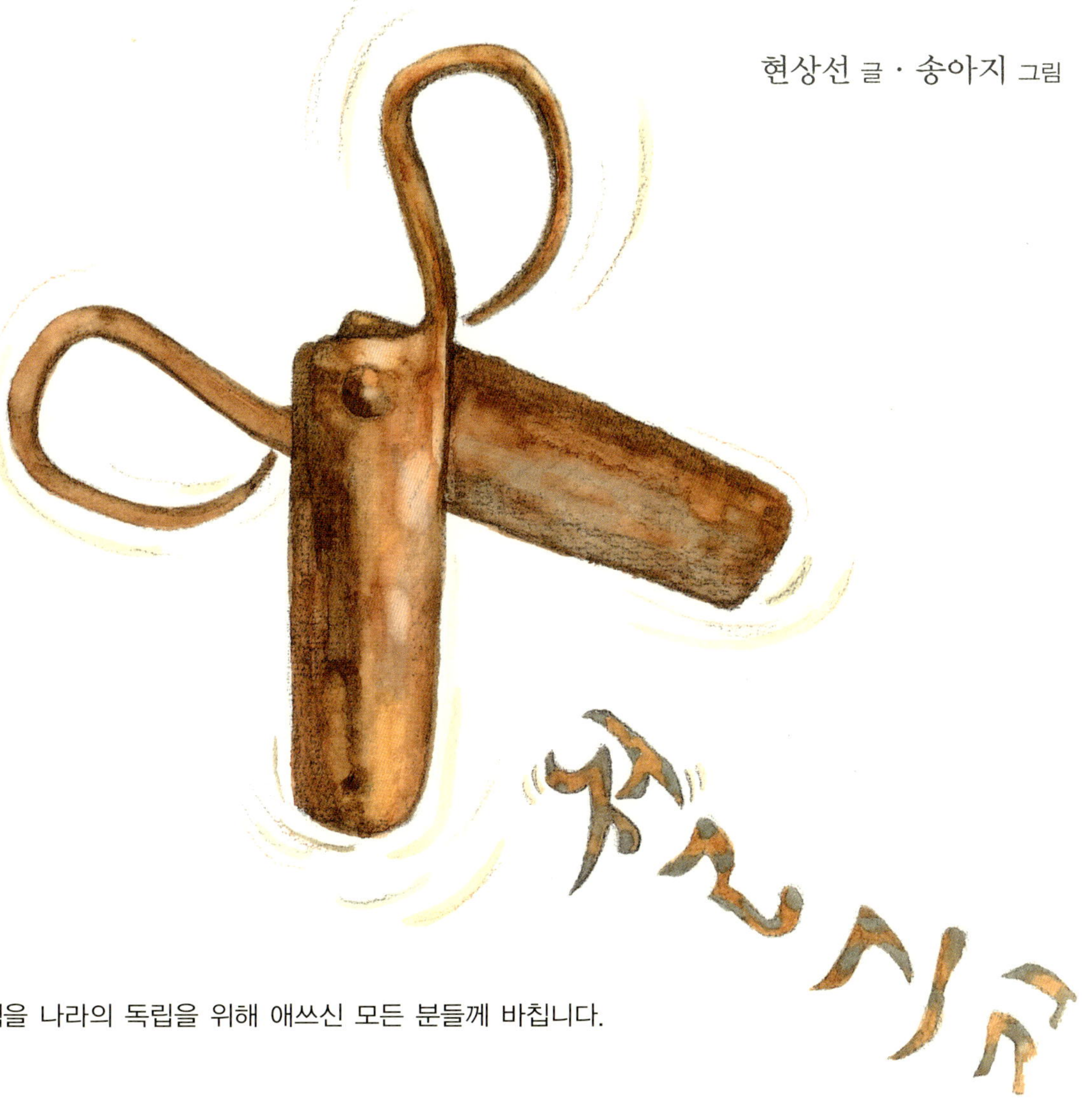

꾸지람

이 책을 나라의 독립을 위해 애쓰신 모든 분들께 바칩니다.

엿장수 가위 소리입니다.

집에는 엿을 바꿔 먹을 만한 것이
보이지 않습니다.

부러진 호미도 보이지 않고,
헌 숟가락도 보이지 않습니다.

아버지 숟가락입니다.
아버지 숟가락은 말짱합니다.
그래도 창암이는 엿이 먹고 싶습니다.

지금 창암이 소원은 엿을 먹는 것입니다.

이제
아버지 숟가락은
헌 숟가락입니다.

아저씨, 엿 주세요!

아버지 숟가락으로 바꾼 엿은 참 맛있습니다.
둘이 먹다 하나가 없어져도 모를 만큼 맛있습니다.

아니, 셋이 먹다 둘이 없어져도 모를 만큼 맛있습니다.

"창암이, 그 엿 어디서 났누?"
밭에 일하러 나가셨던 아버지가 돌아오셨습니다.

"아버지 숟가락으로
바꿔 먹었어요."

창암이는 아버지한테 혼이 났습니다.
솔직하게 말하지 않았다면 더 혼이 났을 겁니다.

캄캄한 밤입니다.
할아버지가 커다란 갓을 쓰고
길을 갑니다.

창암이는 그런 할아버지가 보기 좋습니다.

그런데 옆 마을에 사는 양반들이
할아버지 갓을 뺏어 다 찢어놓았습니다.

양반도 아닌 할아버지가
양반들이 쓰는 갓을 썼다고 호통을 칩니다.
창암이는 그런 사람들이 참 싫습니다.

싫은 것은 또 있습니다.
할아버지가 어린 아이에게 허리를 굽히며
존댓말을 할 때입니다.

그들은 양반이고, 창암이네는 상민이라 그렇다고 합니다.
그래서 창암이 소원은 양반이 되는 것입니다.

양반이 되려면 과거에 급제하여 벼슬을 해야 합니다.
과거에 급제하려면 공부를 아주 많이 해야 합니다.

창암이는 아버지를 조릅니다.
공부를 해서 양반이 되겠다고 조릅니다.

아버지가 선생님을 모시고 왔습니다.
이제 창암이네 집은 서당입니다.
창암이는 동네 아이들과 함께 공부하게 되었습니다.

창암이가 과거에 급제하면
아무도 할아버지 갓을 건드리지 못할 겁니다.
그래서 창암이는 열심히 공부합니다.

오늘은 과거 시험이 있는 날입니다.
창암이도 과거 시험을 보러 왔습니다.
과거 시험을 보러 온 사람들은 참 많기도 합니다.

그런데 이상한 일도 다 있습니다.
남의 글을 베껴서 내는 사람이 있습니다.
돈을 주고 글을 사서 내는 사람도 있습니다.

창암이는 실망했습니다.
양반이 되겠다던 창암이 소원은 이룰 수 없게 되었습니다.

창암이는 이제 무엇을 해야 할지 모르겠습니다.
산에 가도 모르겠습니다. 강에 가도 모르겠습니다.

책을 봐도 다 소용없는 일인 것 같습니다. 거울을 봐도 못난 얼굴만 보입니다.

아무래도 자신은 큰사람이 될 것 같지 않습니다.

이 세상에서 창암이가 할 일은 없는 것만 같습니다.
창암이는 답답합니다.

그런데 창암이 마음속에서 자꾸 맴도는 말이 있습니다.
"얼굴 잘 생긴 것보다, 마음 좋은 것이 더 좋다."
오늘 책에서 본 말입니다.

밤이 깊도록 창암이는 이 말을 되뇌어 봅니다.
문 밖에는 눈이 옵니다.
사르락사르락 많이도 옵니다.

아침입니다.
문을 여니 밤새 눈이 하얗게 쌓였습니다.
창암이는 얼른 빗자루를 찾아들고 눈을 쓸기 시작합니다.

이제 창암이 소원은 '마음 좋은 사람'이 되는 것입니다.

창암은
백범 김구 선생의
　　어린 시절
　　　이름입니다.

어린 시절 책에서 본 대로
'마음 좋은 사람'이 되기로 결심한 김구 선생은
평등한 세상을 꿈꾸며 동학운동을 하고,
임시정부 주석으로 일제에 빼앗긴 나라를 되찾기 위해
독립운동에 앞장섰습니다.

선생이 생각하는 '마음 좋은 사람'은
무슨 일을 할 때든,
그 일이 '곧고 옳은 일인지 잘 판단하고, 실천해야 하며,
또 그 일을 꾸준히 계속하는 사람'이랍니다.

그래서 김구 선생은
우리나라의 완전한 독립을 위해,
또 통일을 위해 쉬지 않고 노력하는
'마음 좋은 사람'으로 살았습니다.

어린이와 함께 이 책을 읽는 어른들에게

이 책, 《나의 소원》은 김구 선생이 일생 동안 가슴에 품고 살았던 가치관이 어떻게 형성되었는지 보여주는 책입니다. 어린 시절 '마음 좋은 사람'이 되겠다고 했던 결심은 훗날 김구 선생이 굳은 신념으로 나라의 독립과 통일을 위해 끊임없이 노력하고 행동하는 사람으로 사는데 큰 힘이 되었습니다.

다음은 김구 선생의 일생을 간략하게 정리한 글입니다. 어린이에게 바로 읽어주기보다는 어른이 먼저 읽고, 선생이 어떤 삶을 살았는지 이야기해 주시기 바랍니다.

마음 좋은 사람, 백범 김구

1876년(1세), 황해도 해주 백운방 텃골에서 태어난 선생은 어렸을 때 무척 개구쟁이였습니다. 아버지 숟가락을 부러뜨려 엿을 사 먹기도 하고, 떡이 먹고 싶어 집 안의 엽전꾸러미를 들고 나갔다가 크게 혼이 나기도 했습니다.

1887년(12세), 양반이 되기로 결심하고, 아버지를 졸라서 서당공부를 시작했습니다. 아버지는 집에 글 선생을 모시고 와서, 동네 아이들을 모아 함께 공부할 수 있도록 해주었습니다.

1892년(17세), 과거 시험을 보러 갔으나 과거장은 정당한 실력으로 겨룰 수 있는 곳이 아니었습니다. 그 모습에 실망한 선생은 집으로 돌아와 더 이상 서당공부를 하지 않았습니다. 이때 책에서 '얼굴 좋은 것이 몸 좋은 것만 못하고, 몸 좋은 것이 마음 좋은 것만 못하다(相好不如身好 身好不如心好)'라는 글귀를 보고 '마음 좋은 사람'이 되겠다는 결심을 하였습니다.

1893년(18세), 이 세상의 모두가 평등하다고 외치는 동학에 입문하였습니다. 이때 이름을 '창암'에서 '창수'로 바꾸었습니다. (1900년, 이름을 다시 '창수'에서 '구(龜)'로 고쳤습니다.)

1894년(19세), 팔봉접주로 해주성 공격에 나섰으나 실패하였습니다.

1895년(20세), 청계동에 살던 안태훈 진사의 집에서 유학자 고능선을 만나 민족정신과 국가관을 배웠습니다.

1896년(21세), 안악 치하포에서 명성황후 시해에 대한 복수로 일본 육군 중위 쓰치다를 처단하였습니다. 이 일로 체포되어 사형선고를 받았으나, 고종의 명령으로 사형을 면하게 되었습니다.

1904년(29세), 교육운동을 시작하고 광진학교 등을 설립하였습니다. 1907년에는 '신민회'에 가입하였으며, 1908년에는 황해도 교육자들과 '해서교육총회'를 조직하여 학무총감이 되었습니다. 나라의 독립을 위해서는 인재 양성이 중요하다고 생각했기 때문입니다.

1911년(36세), 황해도에서 독립군 자금을 모으던 '안명근 사건'에 연루되어 15년 형을 선고받고, 서대문 감옥에 갇혔습니다. 이때 황해도 일대의 민족주의자 대부분이 검거되어 혹독한 고문을 당했습니다.

1914년(39세), 감옥에서 '백범(白凡)'이라는 호를 쓰기 시작했습니다. '백범'은 조선의 가장 낮은 계층인 백정과 평범한 사람들도 자신이 품은 애국심만큼은 지니고, 실천해야 우리나라가 완전한 독립국이 될 수 있다는 바람으로 지은 호입니다. 이때 이름 구(龜)를 구(九)로 바꾸었습니다.

1915년(40세), 가석방되어 농촌계몽운동을 전개하였습니다.

1919년(44세), 3·1 운동 이후, 중국 상하이에 있는 대한민국 임시정부(1919년 4월 13일 수립)를 찾아가, 임시정부의 경무국장이 되었습니다.

1926년(51세), 임시정부의 국무령에 취임하고, 이듬해 국무위원에 선출되었습니다. 2년 뒤 《백범일지》 상권을 쓰기 시작하였습니다.

1931년(56세), 일본 요인 암살과 일본 군사시설 파괴를 위해 특수 비밀 조직인 '한인애국단'을 만들었습니다.

1932년(57세), '한인애국단'의 이봉창·윤봉길 의거를 계획하고 이끌었습니다. 윤봉길 의거가 성공한 이후, 상하이를 탈출하여 자싱으로 피신하였습니다.

1933년(58세), 난징에서 장제스를 만나 '뤄양군관학교'에 '한인특별반'을 설치하기로 합의하였습니다.

1940년(65세), '한국광복군'을 창설하였으며, 10월 임시정부 주석으로 선출되었습니다.

1941년(66세), 《백범일지》 하권 집필을 시작하였습니다. 한편으로 임시정부에서 일본에 대한 선전포고를 하고, 이듬해 중국·미국·영국·소련에 임시정부 승인을 요구하였습니다.

1945년(70세), '한국광복군'과 '미국 O.S.S.'가 연합하여 국내 진입훈련을 실시하였으나, 일본의 항복으로 모든 계획을 중단하고 귀국하였습니다.

1946년(71세), '비상국민회의'를 조직하여 미국·영국·중국·소련의 신탁통치를 반대하고 평화통일정부를 수립하기 위한 활동을 전개하였습니다.

1948년(73세), 통일정부 수립 문제를 논의하기 위해 평양을 다녀왔습니다. 하지만 선생의 이러한 노력에도 불구하고, 남북에 각각 단독정부가 수립되었습니다.

1949년(74세), 6월 26일 경교장에서 안두희의 흉탄에 돌아가셨습니다. 갑작스러운 선생의 서거 소식은 온 나라를 슬픔에 잠기게 하였습니다. 선생의 유해는 서울시 용산구 '효창원'에 안장되었습니다.

2002년 10월, 효창원 옆에 **'백범김구기념관'**이 세워져 선생의 정신과 뜻을 잇고 있습니다.

나의 소원

민족 국가　"네 소원이 무엇이냐?" 하고 하나님이 내게 물으시면, 나는 서슴지 않고, "내 소원은 대한독립이오."하고 대답할 것이다. "그 다음 소원은 무엇이냐?" 하면, 나는 또 "우리나라의 독립이오." 할 것이요, 또 "그 다음 소원이 무엇이냐?" 하는 셋째 번 물음에도 나는 더욱 소리를 높여서, "나의 소원은 우리나라 대한의 완전한 자주독립이오." 하고 대답할 것이다.

동포 여러분!

나 김구의 소원은 이것 하나밖에 없다. 내 칠십 평생을 이 소원을 위해 살아왔고, 현재에도 이 소원 때문에 살고 있으며, 미래에도 나는 이 소원을 이루려고 살 것이다. 칠십 평생을 독립이 없는 나라의 백성으로 서러움과 부끄러움과 애타는 마음을 가졌던 나에게, 세상에서 가장 좋은 것은 완전하게 자주 독립한 나라의 백성으로 살아보다가 죽는 일이다. 나는 일찍이 우리 독립 정부의 문지기가 되기를 원하였는데, 그것은 우리나라가 독립국만 되면 나는 그 나라에 가장 미천한 자가 되어도 좋다는 뜻이다. 왜냐하면, 독립한 제 나라의 빈천이 남의 밑에 사는 부귀보다 기쁘고, 영광스럽고, 희망이 많기 때문이다.

우리 민족 최고의 임무는, 첫째, 남의 간섭도 아니 받고 남에게 의지도 아니 하는, 완전한 자주 독립의 나라를 세우는 일이다. 이것 없이는 우리 민족의 생활을 보장할 수 없을 뿐더러, 우리 민족의 정신력을 자유로이 발휘하여 빛나는 문화를 세울 수 없기 때문이다. 이렇게 완전한 자주 독립의 나라를 세운 뒤에는, 둘째, 이 지구상의 인류가 진정한 평화와 행복을 누릴 수 있는 사상을 낳아 그것을 먼저 우리나라에 실현하는 것이다.

정치 이념

나의 정치 이념은 한마디로 표시하면 자유다. 우리가 세우는 나라는 자유의 나라여야 한다.

산에는 한 가지 나무만 나지 않고, 들에는 한 가지 꽃만 피지 않는다. 여러 가지 나무가 어울려서 위대한 삼림의 아름다움을 이루고, 백 가지 꽃이 섞여 피어서 봄들의 풍성한 경치를 이루는 것이다. 우리가 세우는 나라에는 유교도 성하고, 불교도, 예수교도 자유로이 발달하고, 또 철학으로 보더라도 인류의 위대한 사상이 다 들어와서 꽃이 피고 열매를 맺게 해야 할 것이니, 이래야만 비로소 자유의 나라라 할 것이요, 이러한 자유의 나라에서만 인류의 가장 크고 가장 높은 문화가 발생할 것이다.

내가 원하는 우리나라

나는 우리나라가 세계에서 가장 아름다운 나라가 되기를 원한다. 가장 부강한 나라가 되기를 원하는 것은 아니다. 내가 남의 침략에 가슴이 아팠으니, 내 나라가 남을 침략하는 것을 원치 아니한다. 우리의 부는 우리의 생활을 풍족히 할 만하고, 우리의 힘은 남의 침략을 막을 만하면 족하다. 오직 한없이 가지고 싶은 것은 높은 문화의 힘이다. 문화의 힘은 우리 자신을 행복하게 하고, 나아가서 남에게도 행복을 주기 때문이다.

우리의 적이 우리를 누르고 있을 때에는 미워하고 분하게 여기는 살벌, 투쟁의 정신을 길렀지만, 적은 이미 물러갔으니 우리는 증오의 투쟁을 버리고 화합의 건설을 일삼을 때다. 집안이 불화하면 망하듯이, 나라 안이 갈려서 싸우면 망한다. 동포 간의 증오와 투쟁은 망할 징조이다. 우리의 용모에서는 온화한 기색이 빛나야 한다. 우리 국토 안에는 언제나 봄바람이 가득하여야 한다. 이것은 우리 국민 각자가 한번 마음을 고쳐먹음으로써 가능하게 되고 그러한 정신을 교육함으로 영원히 이어질 것이다.

– 백범 김구, '나의 소원' 중에서